NOTICE BIOGRAPHIQUE

SUR LE DOCTEUR

REBEROTTE - LABESSE

Ancien Maire de Rethel, Chevalier de la Légion-d'Honneur,
Officier d'Académie, etc., etc.

PAR

M. L'ABBÉ E. BEAUDELOT

Curé des Minimes, à Rethel.

⁓⁓⁓⁓

SE VEND AU PROFIT

DE LA

Société Rethéloise de Secours mutuels

—

Prix : 75 Centimes.

NOTICE BIOGRAPHIQUE

SUR LE DOCTEUR

REBEROTTE-LABESSE

Ancien Maire de Rethel, Chevalier de la Légion-d'Honneur,
Officier d'Académie, etc., etc.

PAR

M. L'ABBÉ E. BEAUDELOT

Curé des Minimes, à Rethel.

SE VEND AU PROFIT

DE LA

SOCIÉTÉ RETHÉLOISE DE SECOURS MUTUELS

Prix : 75 Centimes.

Rethel. — Imp. de G. Beauvarlet. — 1875.

L'étranger qui se serait arrêté dans la ville de Rethel, Samedi 27 Novembre 1875, eût été frappé du spectacle extraordinaire qu'elle présentait.

Un cortége immense suivait un cercueil : tous les rangs s'y trouvaient confondus ; et sur tous les visages graves et recueillis se pouvaient lire la même pensée et le même sentiment.

Dans toutes les rues, une autre foule stationnait, elle aussi, digne et recueillie, pour saluer au passage la dépouille mortelle de celui qu'elle regrettait.

C'était une ville entière s'honorant elle-même en faisant de magnifiques funérailles à celui qu'elle tenait à bon droit pour un de ses plus nobles citoyens, et qu'elle pleurait comme un de ses plus insignes et plus généreux bienfaiteurs.

Les cordons du poële étaient tenus par M. Hureaux, président du Tribunal civil de Rethel, la plus complète incarnation de la droiture et de la loyauté que j'aie jamais rencontrée ; M. Noiret, maire de Rethel, dont l'activité et l'intelligent dévouement à tous les intérêts de la cité sont déjà si connus ; M. Vaucher, ancien adjoint de M. Labesse, et son digne émule aux jours si tristes de l'invasion ; M. le docteur Landragin, qui, complètement libre de se choisir une clientèle, l'a voulu prendre parmi les pauvres auxquels son cabinet de consultations est toujours ouvert.

Ces messieurs offraient vraiment le résumé de la vie du noble défunt.

Le service d'honneur était fait par une brigade de gendarmerie. Deux députations du collége Notre-Dame et du pensionnat des Frères formaient la haie.

Derrière M. l'Archiprêtre, ouvrant la marche suivant l'usage de la localité, le deuil était conduit par M. Lelong, chevalier de la Légion-d'Honneur, président du tribunal civil de Saint-Mihiel, gendre du défunt, et par M. l'abbé Lelong, vicaire de St-Remy de Reims, aumônier de la garnison ; son frère, officier de marine, en cours d'expédition, n'apprendra que plus tard la perte qu'il vient de faire.

Après eux venaient M. le Sous-Préfet, le Conseil municipal, le Tribunal, le Corps médical, les Légionnaires, la Commission des Hospices, la Commission de la Prison, le Conseil d'administration et les membres de la Société de Secours mutuels, le chef de gare et les employés libres de la compagnie du chemin de fer de l'Est, le personnel du service de la prison.

Tous les prêtres de Rethel et plusieurs curés des paroisses voisines avaient voulu, par leur présence, donner un dernier témoignage d'estime à celui qui les avait si bien secondés dans l'exercice de leur ministère.

Un certain nombre d'autres avaient envoyé l'expression de leurs regrets, retenus qu'ils étaient par les obligations du service paroissial.

A l'Eglise s'étaient rendues les Religieuses de St-Vincent, de Ste-Chrétienne, de Bon-Secours et de Ste-Marthe.

Au cimetière furent prononcés deux discours aussi honorables pour leurs auteurs que pour le vénérable défunt auquel ils rendaient un légitime hommage : le premier, par M. le maire ; le second, par M. Barrois, au nom de la Société de Secours mutuels.

Nous reproduisons plus loin ces deux discours d'après le *Moniteur Ardennais*.

Sur la demande de la famille gracieusement acceptée par M. l'Archiprêtre, les fonctions religieuses ont été remplies par deux prêtres, enfants de Rethel. Merci à la famille pour cette délicate attention.

Chère cité de Rethel, merci à toi aussi ! Je t'ai trouvée, dans cette triste et solennelle circonstance, telle que je t'ai toujours connue et toujours aimée, intelligente et reconnaissante ; telle que tu seras toujours quand tu ne prendras conseil que de tes nobles et généreux instincts. Encore une fois merci d'avoir aussi dignement honoré dans la mort celui dont la vie t'avait été consacrée tout entière.

C'est cette grande et noble vie que je viens essayer d'esquisser en attendant une plume plus exercée que la mienne.

Le Docteur

REBEROTTE - LABESSE

Beatus qui intelligit super egenum et pauperem.

Heureux l'homme qui possède l'intelligence des besoins du pauvre.

(Ps. 40, v. 2.)

Jean-Baptiste Reberotte-Labesse naquit à Rethel le 16 novembre 1794.

A cette époque troublée, il était difficile de procurer aux enfants l'instruction et l'éducation. Plusieurs prêtres de nos Ardennes s'étaient imposé cette tâche ; et c'est chez l'un d'eux, M. l'abbé Bénard, curé de Saulces-Champenoises, que le jeune Labesse reçut les premiers éléments, en compagnie de plusieurs autres enfants des meilleures familles de Rethel.

Je ne citerai que M. Watellier. (1)

Après ses premières études, M. Labesse entrait au lycée de Reims pour compléter son instruction. Au sortir du lycée, il a trouvé sa voie, et sa vocation est décidée : il sera médecin.

Rethel possédait alors M. le docteur Chapiotin dont la science, l'aménité, le dévouement ont laissé des souvenirs profonds. Les Écoles de médecine n'existant pas alors en province, les docteurs en exercice initiaient les jeunes gens qui se destinaient à les aider ou à leur succéder dans l'honorable mission de soulager l'humanité souffrante.

C'est ainsi que M. le docteur Chapiotin vit tour à tour chez lui le docteur Créquy, de Charleville, le docteur Harlin, de Mouzon, le docteur Mérieux, d'Asfeld, et tant d'autres que je ne connais pas.

M. Labesse prit la même voie. Travailleur infatigable, il mène de front les études littéraires et médicales, et déjà il sait se dévouer.

En 1812, le typhus est importé à Rethel par les prisonniers de guerre espagnols : pendant plusieurs mois il leur prodigue ses soins désintéressés, ce qui ne l'empêche pas de se présenter devant la Faculté des lettres à Paris, et de recevoir le diplôme de bachelier, le 11 décembre de la même année. En 1814, les soldats français atteints du typhus encombraient les hôpitaux de Rethel, même dévouement de la part de M. Labesse : pendant trois mois, il ne prend pas de repos et il manque de succomber lui-même à cette maladie qui le tient au lit plus de six semaines. A la rentrée de Napoléon, en 1815, M. Labesse demande à prendre du service ; envoyé à Givet, puis à Charlemont, il est nommé chirurgien en chef de l'hôpital militaire,

(1) Qui ne se rappelle M. Watellier, mort président du tribunal civil de Rethel ? A quelques pas, on le confondait facilement avec M. Labesse : même taille, mêmes vêtements, même coiffure ; on les aurait pris pour deux frères. Frères, ils l'étaient par la distinction de l'intelligence, par l'affabilité, par la noblesse des sentiments, par la dignité du caractère, par l'amour du devoir. On pouvait saluer l'un pour l'autre : ils étaient également dignes de respect.

fonction qu'il ne cesse que lors du licenciement de la garnison.

Alors le docteur Chapiotin, qui se connaissait en hommes, lui donne le conseil de se rendre à Paris. Il l'adresse à un ami, M. le docteur Chaussier, président du Jury médical et de la Société de médecine pratique. Là, M. Labesse est traité comme l'enfant de la maison par le docteur dont il devient bientôt le secrétaire, et le 23 octobre 1817 il obtient le diplôme de docteur en médecine de la Faculté de Paris.

Le nouveau docteur aurait pu exercer son art à Paris, et le docteur Chaussier l'y engageait fortement, lui faisant entrevoir dans un avenir prochain une carrière éclatante. Mais notre compatriote avait un ardent amour pour son pays natal et, heureusement pour nous, il préféra revenir à Rethel, il avait 23 ans. Peu de temps après, il épousait Mlle Michelle-Euphrosine-Éléonore Chapiotin, bien digne de son père et de son époux par la noblesse des sentiments, l'affabilité, la bonté du cœur et la tendresse compatissante qu'elle a sans cesse témoignée pour toutes les douleurs. Aussi quand le 4 juillet 1871, Dieu l'appela à une vie meilleure, la ville et les villages voisins changèrent ces funérailles en un véritable triomphe.

Voilà donc M. Labesse définitivement fixé à Rethel. A partir de ce moment, sa vie peut se résumer en trois mots : abnégation parfaite, dévouement sans limites, désintéressement complet. La souffrance et la mort n'auront pas d'adversaire plus acharné ; il les poursuivra sans relâche partout où il pourra les atteindre ; et quand dans cette lutte implacable, la victoire lui échappera, il pourra dire et tous diront avec lui : il était impossible de vaincre ! Comment décrire cette vie si pleine ? Le jour, la nuit, à toute heure, en toutes saisons, le Docteur est prêt. Il est malade lui-même : un cri de douleur est venu frapper son oreille ; son cœur a tressailli ! quelqu'un souffre ! je veux le soulager ! et il part.

M. de Bonald a défini l'homme, une intelligence servie par des organes ; ajoutez-y le cœur, et vous aurez la définition exacte de notre vaillant Docteur. Oui, c'était bien une grande et belle intelligence et un noble cœur servis par des organes. Mais quel service ! Son corps, il n'en avait nul souci : il en avait fait un esclave muet constamment occupé à exécuter les ordres partant sans trêve ni merci de l'intelligence et du cœur qui le dominaient. Et voyez comme les prévisions humaines sont sujettes à l'erreur : M. Chapiotin n'avait pas sans hésitation donné sa fille à son élève qu'il aimait comme un fils ; il craignait de lui préparer une grande douleur en l'exposant à pleurer son veuvage prématuré. Et pendant cinquante-six ans, de 1817 à 1873, le docteur Labesse a porté le poids de fatigues et de travaux qui auraient suffi à remplir et à dévorer plusieurs existences.

Médecin en chef des Hospices et Prisons, depuis la mort du docteur Chapiotin, décédé le 19 mars 1821.

Médecin des épidémies pour la ville et l'arrondissement de Rethel.

Médecin légiste.

Médecin chargé du service gratuit.

Membre du conseil d'hygiène.

Médecin de la gendarmerie.

Médecin des employés de la compagnie du chemin de fer de l'Est, dès la création de la ligne qui dessert nos contrées.

Ajoutez à cela une clientèle nombreuse dans la ville, autour de Rethel et dans tout l'arrondissement ; vous trouverez, sans doute que c'est assez, que c'est trop, peut-être, pour un seul homme, et vous vous demanderez comment il y pouvait suffire ?

Eh bien, pour le docteur Labesse, ce n'était pas trop, ce n'était pas même assez : il avait soif de se dépenser au service de ses compatriotes, et ceux-ci le comprirent si bien qu'ils ne trouvèrent pas de moyen plus sûr de lui témoigner leur reconnaissance que d'ajouter à ses fonctions professionnelles les fonctions administratives dont voici la nomenclature :

4 Novembre 1830. — Conseiller municipal ; il ne cessera pas de l'être.

Juin 1834. — Membre du comité supérieur d'instruction primaire.

1839. — Président, puis par dévouement secrétaire de la section d'Agriculture et du Comice agricole. Démissionnaire le 7 Décembre 1843, il est immédiatement réélu par les 48 membres présents à la réunion, et se dévoue.

28 Août 1848. — Conseiller d'arrondissement.

10 Août 1849. — Adjoint au maire : il le sera 20 ans.

3 Juin 1855. — Conseiller général, jusqu'à la guerre.

4 Août 1869. — Maire de Rethel.

J'ai entendu parfois, en présence de toutes ces fonctions décernées au docteur Labesse par la confiance de ses concitoyens, prononcer le mot d'ambition. Ambitieux, lui ! Allons donc ! Que des nullités ou des médiocrités inconscientes sollicitent l'honneur des fonctions publiques, j'accorde facilement que les esprits intelligents ont le droit de s'en montrer surpris. Mais quand on est aussi heureusement doué que l'était M. Labesse, et qu'on se sent au cœur, comme lui, tous les dévouements, on a (j'allais dire le devoir), mais certainement le droit d'accepter toutes les charges et de céder à toutes les nobles aspirations.

Au reste les fonctions administratives n'ont jamais détourné le Docteur de ses devoirs professionnels. J'en vais fournir la preuve.

Il est une maladie horrible, se manifestant trop souvent avec le caractère épidémique, et à laquelle on ne connaissait pas de remède préventif jusqu'à la précieuse découverte de l'Anglais Jenner. Pourquoi n'était-il pas plutôt Français ? Toujours est-il que partout on s'empresse de vulgariser la vaccination. Dès le 11 Mai 1800, un

comité central est formé à Paris, en rapport constant avec
les comités locaux, pour stimuler et récompenser le zèle
des hommes dévoués qui se sont imposé la noble tâche
de préserver et de soulager la pauvre humanité. Parmi
ces hommes généreux, notre Docteur ne pouvait être le
dernier : il s'élance avec ardeur dans la carrière qu'il
trouve ouverte devant lui. Avec quel succès? Les distinc-
tions qu'il obtient du comité central vont nous le dire :

1818-1819. — Médaille d'argent.
  1822.   — Médaille d'or.
  1825.
  1829.
  1830.   Quatre médailles d'argent.
  1831.

A cette dernière date, le docteur Labesse continue à
remplir gratuitement les fonctions de vaccinateur nommé
pour l'arrondissement de Rethel, mais il renonce à con-
courir dorénavant pour les récompenses décernées par
l'Etat.

Bientôt du reste une affreuse nouvelle vient glacer tous
les cœurs et jeter l'épouvante dans notre région. C'était
en 1832. Une maladie inconnue jusqu'alors nous envahit
brusquement : on l'appelle le choléra ! Tout ce qu'on en
sait, c'est qu'il est un des plus rudes pourvoyeurs de la
mort... Le docteur Labesse n'en demande pas davantage ;
il le combattra et lui disputera ses victimes. Avec quel
zèle, quelle ardeur, quel dévouement? J'étais trop jeune
alors pour en témoigner. Mais la splendide récompense
décernée au docteur Labesse par le Conseil général des
Ardennes le proclame assez haut. (1)

(1) C'est une riche médaille en argent de près d'un décimètre de
diamètre et de plus d'un cent mètre de champ. Sur la face un magni-
fique relief représente le Père de la Médecine environné d'une foule
affligée; d'une main il arrête la mort qui vient de saisir un beau jeune
homme expirant; de l'autre, il tient la main d'un pauvre malade dont
l'enfant paraît le supplier de sauver son père. Au bas du relief, cette
inscription : Invasion du choléra en 1832. Au revers, en exergue :
Décernée par le Conseil général des Ardennes, session de 1833; puis
à l'intérieur d'une couronne civique : A M. Reberotte-Labesse,
docteur en médecine, médecin des épidémies, des hospices et des
prisons, à Rethel.

En 1839, à quelques kilomètres de Rethel, pendant onze mois la fièvre typhoïde sévit dans la petite commune de Barby ; 130 à 140 personnes en sont atteintes, presque toutes indigentes ; le docteur Labesse se rend à Barby tous les jours, et souvent deux et trois fois le jour. Il ne songeait guère à se demander s'il serait indemnisé ; il l'a été de la manière la plus douce à son cœur par l'affection reconnaissante que lui ont toujours gardée les habitants de cette commune.

L'indomptable énergie qui faisait le fond du caractère de M. Labesse pourrait induire à croire que les graves préoccupations dont il était sans cesse obsédé et le contact perpétuel de la douleur l'auraient rendu d'un commerce peu agréable. Ce serait une erreur complète. Je ne sais, et j'en appelle au témoignage de tous ceux qui l'ont connu, je ne sais si on a jamais rencontré un homme plus aimable, plus gracieusement et naturellement poli, et cela avec tous, aussi bien avec les pauvres qu'avec les personnes favorisées des dons de la fortune. Je ne crois pas me tromper en attribuant à cette urbanité, à cette affabilité qui lui allaient si bien, une grande part dans les succès obtenus par son dévouement et ses talents.

Il est une observation que je me reprocherais de ne pas faire ici. Le docteur Labesse était trop intelligent dans les soins qu'il donnait à ses malades pour ne s'occuper que des corps. Il savait que sous cette enveloppe souffrante étendue devant lui, il y avait une âme immortelle, douée d'intelligence et de liberté, et par tant responsable devant Dieu.

Aussi en tenait-il grand compte. Et quand, malgré ses efforts pour la retenir, il sentait la victoire près de lui échapper, il se gardait bien d'entretenir des illusions dont la perte est si cruelle toujours et les conséquences souvent si désastreuses. Il disait à la famille : Si vous avez quelques précautions à prendre, je vous engage à ne pas différer. On savait ce que cette parole signifiait. Par cette formule puisée dans les plus nobles sentiments, le Docteur dégageait sa responsabilité professionnelle, et préparait en même temps la seule consolation sérieuse pour ceux qui pleurent autour d'un lit funèbre. Aussi bien je ne surprendrai personne en disant que le docteur Labesse avait autant d'amis qu'il aurait pu compter de clients. Une nouvelle occasion se présenta trop tôt de resserrer le nœud de cette légitime et mutuelle affection.

Le 24 Juin 1849 apparaissent les premiers symptômes du terrible fléau qu'on n'avait pas eu le temps d'oublier. On cherche à douter, mais bientôt c'est impossible : c'est encore le choléra, mais le choléra furieux ! Un long voile de deuil couvre la ville entière ; elle se trouve partagée bientôt : d'un côté ceux qui souffrent et meurent ; de l'autre, ceux qui les soignent et qui les pleurent. En deux mois, la population est décimée ; des familles entières disparaissent en quelques heures ; le jour ne suffit plus à la sépulture des victimes, malgré la supression de toute solennité pour les funérailles.

Ah, cher Docteur, comme vous avez été grand durant ces tristes jours ! Cette fois je vous ai vu à l'œuvre ainsi que la cité entière ; et au milieu des sanglots qui s'échappaient de toutes les poitrines, toutes les bouches proclamaient votre héroïsme ; tous tremblaient de vous voir succomber à la peine. Heureusement Dieu nous aimait encore et ne l'a pas permis.

Enfin après trois mois, délivrés une seconde fois, nous nous demandions comment il serait possible de reconnaître votre dévouement, quand nous apprenons, le 26 décembre de la même année que l'étoile des braves va briller sur votre poitrine. Tous nous en étions heureux ; vous, vous aviez bien le droit d'en être fier. Mais votre tâche n'est jamais terminée tant que vous voyez un bien nouveau à accomplir ; déjà vous méditez un projet dont l'exécution suffirait seule pour rendre votre mémoire impérissable parmi nous.

Ceux que leurs fonctions mettent fréquemment en contact avec la classe laborieuse ne peuvent manquer d'être frappés d'un fait qui s'impose comme l'évidence, je veux dire les conséquences désastreuses résultant pour une famille d'ouvriers, du chômage occasionné par la maladie. Tout gain cesse alors que les dépenses augmentent ; l'épargne, quand elle a été possible, est bientôt épuisée ; la tristesse, le découragement, quelquefois le désespoir sont les hôtes habituels de la demeure au foyer de laquelle la joie venait auparavant s'asseoir si volontiers. Aussi trop souvent le travailleur hésite longtemps avant de suspendre le labeur quotidien qui nourrit sa famille ; et quand à bout de forces, il tombe sur son lit de douleurs, il est souvent trop tard pour qu'on puisse espérer lui conserver la vie.

Le docteur Labesse, l'infatigable ami des ouvriers dont tous les intérêts lui étaient chers, avait vu tout cela ; et le 1er Juillet 1850, il fondait une société de secours mutuels sous le nom d'Association Rethéloise.

Admirable institution qui procure gratuitement à l'ouvrier, au moyen d'un modique prélèvement mensuel sur le prix de son travail, les soins du médecin, les médicaments nécessaires, une indemnité pécuniaire, une pension de retraite pour ses vieux jours ; et quand il plaît à Dieu de lui redemander le dépôt de la vie qu'il lui avait confié, une honorable sépulture.

Soyez béni, Docteur, pour cette belle création que vous avez administrée avec tant de sollicitude jusqu'à votre dernier jour. Et vous, chers compatriotes, courbés chaque jour sur vos instruments de travail, laissez-moi vous le dire avec la franchise du cœur : vous n'appréciez pas assez les avantages de cette fondation. Pourtant ils sont sérieux et n'offrent rien qui puisse le moins du monde blesser votre légitime fierté. Les secours que la Société donne à ses membres ne sont rien autre chose que l'intérêt du capital créé par une commune et prévoyante épargne. Entrez-y tous.

J'arrive, pressé par les événements, à l'époque la plus solennelle et certainement la plus douloureuse de cette grande vie dont je ne puis que crayonner les phases principales. Le 4 août 1869, M. Labesse est nommé maire de Rethel; un an plus tard le premier magistrat de cette généreuse cité devait devenir le serviteur indigné, vous le sentez bien, des brutales exigences d'un insatiable vainqueur. Ah! vous ne demanderez pas de l'ancien curé de Bazeilles qu'il suive le maire de Rethel sur le douloureux calvaire où ses fonctions l'ont cloué. Non; j'ai là au cœur une plaie profonde qui saigne toujours, et je veux rester calme en face de cette mort qui s'avance à grands pas. Laissez-moi donc passer et relisez les paroles émues prononcées par M. Noiret sur la tombe de son vénérable prédécesseur.

Le désir bien connu de M. Labesse était de mourir à la tâche; Dieu ne l'a pas voulu. Pendant deux ans les soins les plus attentifs et les plus dévoué l'ont disputé à la mort. Pourquoi faut-il que sa fille unique, retenue momentanément par ses devoirs d'épouse, n'ait put fermer les yeux à ce père bien-aimé qu'elle n'avait pas quitté pendant de longs mois? Dieu distribue les épreuves comme il l'entend; à nous d'incliner notre volonté devant la sienne.

Pendant la nuit de mercredi 24 novembre, le dernier souffle de M. Labesse s'exhalait sans effort; la religion l'aidait dans le passage du temps à l'éternité; et le lendemain, la ville qu'il avait tant aimée pleurait sur son ami, son bienfaiteur et son père.

Cher et vénéré Docteur, je dépose sur votre tombe ces quelques lignes, humble et pieux hommage d'un cœur reconnaissant. Daignez les accepter, et puissent-elles procurer quelque consolation à la douleur si légitime de votre famille. Vous nous avez quittés, mais votre souvenir ne périra pas au milieu de nous; vos œuvres nous parleront pour vous.

Vous nous avez quittés; mais le Seigneur a promis la

délivrance à celui qui, possédant l'intelligence des besoins du pauvre, met son bonheur à le soulager. (1)

Je ne vous dis donc pas adieu, mais au revoir, car au ciel on se reconnaît !

Rethel, 8 Décembre 1875.

(1) Beatus qui intelligit super egenum et pauperem; in die malâ liberabit eum Dominus. — Ps. 40, v. 2.

Discours

Prononcé par M. NOIRET, Maire de Rethel,

aux obsèques de M. le Docteur

REBEROTTE-LABESSE.

« Messieurs,

« Avant que cette tombe ne se referme, je viens, au nom de la ville de Rethel, rappeler à cette foule nombreuse et recueillie, venue de tous côtés pour apporter un dernier témoignage de reconnaissance, ce que fut l'honnête homme que nous venons de perdre, le médecin, le fonctionnaire qui avait su conquérir l'estime et l'affection de tout un pays, estime et affection qui n'ont cessé de le suivre pendant sa longue carrière administrative, même au milieu des luttes des partis.

« En effet, Messieurs, celui que nous pleurons a eu le rare bonheur en ce monde d'échapper à l'envie, et de rester jusqu'à son dernier jour honoré et respecté de tous; c'est que dans l'exercice de ses fonctions de médecin, aussi bien que dans celles où l'avaient appelé ses concitoyens, M. Labesse avait toujours su montrer ce sentiment du devoir et cet esprit affectueux et bienveillant qui lui gagnaient tous les cœurs.

« Arrivé très-jeune dans cette ville, M. Labesse, dès ses débuts, se révéla praticien distingué, son dévouement n'avait pas de bornes ; toujours prêt au premier appel d'un malade, il consacrait sa vie à soulager la souffrance.

On le voyait, quittant famille, amis, s'asseoir au chevet du pauvre comme à celui du riche ; à toute heure du jour et de la nuit, prodigue de soins empressés, son indomptable énergie luttait contre la fatigue pour ravir à la mort la proie qu'elle convoitait.

« C'est surtout au moment où fondait sur nos contrées une épidémie terrible, le choléra de 1849, que M. Labesse sut développer la puissante énergie dont il était doué, se multipliant partout, alors que le deuil s'étendait sur notre malheureuse cité et que la mort frappant à coups redoublés, enlevait jusqu'à trente victimes dans un seul jour.

« M. Labesse, brisé par les veilles, par les fatigues, bravant même les atteintes de la maladie, s'oubliait tout entier pour ne songer qu'à l'accomplissement du devoir. La croix d'honneur fut la juste récompense de son abnégation et de son dévouement.

« Cette nature sympathique et ardente au bien, avait dans l'exercice de sa rude profession vu de trop près les misères du pauvre pour ne pas rechercher les moyens de les adoucir.

« C'est alors que sa généreuse philanthropie le fit le fondateur de l'Association de Secours mutuels, dont il est resté le président jusqu'à sa mort ; cette institution si utile, qui met en pratique la belle maxime : aidez-vous les uns les autres, et qui annoblit le secours par la manière dont il est donné.

« Si M. Labesse, comme médecin, fut toujours sur la brèche, il savait aussi remplir dignement les nombreuses fonctions dont l'honoraient ses concitoyens. Conseiller municipal dès 1830, conseiller d'arrondissement, puis membre du conseil général, adjoint pendant 20 ans au maire de Rethel, ses services lui avaient conquis l'affection de tous.

« Une carrière si bien remplie allait avoir son couronnement. En 1869 M. Labesse fut nommé maire de Rethel. Mais le temps des épreuves était proche, de sombres nuages s'amoncelaient à l'horizon, une épouvantable catastrophe allait fondre sur la France ! la patrie fut envahie...

« Le 2 septembre 1870, après une série de revers rapides et inouis, l'ennemi pénétrait dans nos murs. Chacun de nous a encore présent à la mémoire les douleurs de l'occupation, les vexations sans nombre imposées par l'orgueilleuse dureté d'un vainqueur, ces réquisitions de chaque jour, avec menaces de mort et de pillage.

« C'est au milieu d'une situation si tourmentée que M. Labesse, maire de Rethel, seul représentant de la cité, reconnu par l'ennemi, sut tenir tête à l'orage avec le dévouement de son adjoint et d'honorables citoyens, protégeant ainsi la ville contre des dangers toujours menaçants. Sans égards pour son âge, pour le respect dont il était entouré, il fût un jour brutalement entraîné et exposé aux rudes intempéries de l'hiver, sur la locomotive d'un convoi allemand, que sa vie protégeait contre les entreprises hardies des défenseurs du pays.

« Mais les tristesses d'une longue occupation et les fatigues amenées par cette occupation, chez M. Labesse, avaient brisé cette nature énergique ; la maladie s'était emparée de lui, il avait dû renoncer à l'exercice de cette profession qu'il aimait tant, renoncer aux fonctions auxquelles il s'était adonné si longtemps avec tant de zèle et dévouement. Cette intelligence remarquable s'éteignait.

« Il n'est plus, l'homme de bien qu'accompagne à la dernière demeure une ville toute entière : témoignage d'estime et de reconnaissance qui est la suprême consolation d'une famille, au milieu de sa douleur.

« Honneur à la mémoire de celui qui meurt ainsi en laissant pour dernier souvenir l'exemple d'une carrière noblement remplie ? «

Discours

Prononcé par M. BARROIS, Vice-Président,

au nom de la Société de Secours mutuels.

« Messieurs,

« Personne ne s'étonnera, j'en suis sûr, de voir un simple ouvrier prendre la parole en présence de cette tombe entr'ouverte ; et si j'avais besoin d'une excuse, je la trouverais dans le cœur de chacun de vous.

« Vous êtes ici, Messieurs, au nom de l'amitié, nous, ouvriers de Rethel, nous y sommes au nom de la reconnaissance. Tout un côté de la vie de M. Labesse nous appartient : celui du dévouement, et nous le revendiquons. Nous confions à votre affection le citoyen dans les nombreuses fonctions qu'il a remplies, et nous ne gardons que l'homme bienfaisant.

« Pour faire le bien, M. Labesse n'avait qu'à s'abandonner à sa généreuse nature : c'était l'homme bon par excellence. Le bien a été sa vie tout entière.

« Suivez-le dans sa longue carrière, dans toutes ses œuvres, vous le trouverez toujours guidé par la même inspiration : faire le bien, faire le plus de bien possible. C'est ainsi qu'il s'était fait une popularité du meilleur aloi.

« A une politesse charmante il joignait des manières prévenantes, affectueuses ; plein d'égards pour les sentiments des autres, il écoutait avec une bonté qui inspirait la confiance. Le plus humble trouvait chez lui chaleureuse sympathie ; son cœur était toujours ouvert à celui qui lui apportait l'idée d'une œuvre utile ou sollicitait son concours dans l'intérêt du pauvre.

« Je n'ai garde d'oublier le trait le plus saillant de la vie de M. Labesse, celui qui nous touche le plus, son amour pour l'ouvrier. Nous étions ses préférés, les siens ; il nous connaissait tous par nos noms, nous donnait des conseils, quelquefois nous adressait des réprimandes, s'enquérait de nos besoins, nous prodiguait sa bourse, mieux que cela, sa personne. C'était le médecin du pauvre ; il le traitait avec un soin jaloux et, lorsqu'à la fin de sa carrière, les facultés eurent disparu avec les forces, nous n'en étions pas moins l'objet de sa ferme sollicitude.

« C'est de cet amour qu'est sortie en 1848 la Société de Secours mutuels, et depuis 27 ans il dirige cette œuvre éminemment utile avec une sollicitude qui trouvera, nous l'espérons, des imitateurs.

« Oui, Messieurs, si ces restes inanimés qui attendent les dernières prières pouvaient prononcer une dernière parole, vous entendriez M. Labesse, avant de vous donner le dernier adieu, vous recommander sa chère Société.

« Merci, homme de bien, merci pour moi, merci pour mes camarades les ouvriers, merci pour les pauvres, merci pour tous ! Puisse Celui qui récompense chacun selon ses œuvres nous acquitter envers vous et vous rendre le bien que vous nous avez fait.

« Adieu, adieu ! »

Rethel. — Imp. G. Beauvarlet